고정욱 선생님이 들려주는

안용복

고정욱 선생님이 들려주는 **안용복**

제1판 제1쇄 발행일 2015년 9월 15일
제1판 제2쇄 발행일 2017년 7월 20일

글쓴이 · 고정욱
그린이 · 허구

펴낸이 · 곽혜영
주　간 · 오석균
편　집 · 최혜기
디자인 · 소미화
마케팅 · 권상국
관　리 · 이용일. 김경숙
펴낸곳 · 도서출판 산하 | 등록번호 · 제300-1988-22호
주소 · 110-053 서울특별시 종로구 사직로 8길 21-2 (내자동 서라벌빌딩 4층). 대한민국
전화 · (02)730-2680(대표) | 팩스 · (02)730-2687
홈페이지 · www.sanha.co.kr | 전자우편 · sanha83@empas.com

글ⓒ고정욱. 2015
그림ⓒ허구. 2015

ISBN 978-89-7650-466-1 74810
ISBN 978-89-7650-610-8 (세트)

고정욱 선생님이 들려주는

안용복

고정욱 글 · 허구 그림

도서
출판 산하

독도는 영원히 우리 땅입니다

나는 독자들의 사랑에 보답하기 위해 전국 방방곡곡의 학교에 강연을 열심히 다닙니다. 그런데 이렇게 강연을 다니면서 느낀 점이 있습니다.

요즘 학생들은 복도에 쓰레기가 떨어져 있어도 그걸 보고 좀처럼 줍지 않습니다. 청소하는 아주머니들이 알아서 치워 주실 거라고 생각하는 모양입니다. 하지만 내가 다니는 학교가 어질러져 있으면, 그 책임은 누구보다도 쓰레기를 가장 먼저 본 사람에게 있지 않을까요?

나는 이런 문제를 우리나라 동해 바다에 있는 섬인 독도와 연결시켜 보았습니다. 일본이 독도를 자기네 땅으로 만들려고 호시탐탐 노린 지는 오래되었습니다. 하지만 그들은 그런 욕심을 이루지 못하고 있습니다. 대한민국이 지금 이 순간 독도를 우리 땅으로 차지하고 있을 뿐만 아니라, 과거의 자료를 찾아보아도 독도는 우리 영토임이 분명하기 때문입니다.

역사를 보면, 우리가 독도를 지키는 데 결정적인 역할을 한 사람이 있습니다. 바로 안용복이라는 분입니다. 조선 시대 숙종 임금 때 사람인 안용복은 두 번씩이나 일본에 건너가서 울릉도와 독도가 우리 땅이라는 사실을 확인시켰습니다. 이분이 없었다면 일본은 독도가 자기네 땅이라고 우기기가 훨씬 쉬웠을 겁니다.

안용복은 날마다 물고기를 잡던 착하고 성실한 어부였습니다. 이렇듯 평범한 백성이 왜 목숨 걸고 일본까지 가서 울릉도와 독도는 우리 땅이라고 외쳤을까요? 그건 나라를 지키는 데에는 너와 내가 따로 없다고 생각했기 때문이 아닐까요? 우리 역사는 이렇듯 평범하지만 꼭 필요한 순간에 용기를 낸 사람들이 이끌고 지켜 낸 것입니다.

안용복이 잊혀지면 안 되는 이유가 여기에 있습니다. 안용복이 처음부터 거창한 것을 꿈꾸지는 않았을 겁니다. 하지만 나라 사랑의 첫걸음은 바로 이런 소박한 마음에서부터 시작된다는 점을 여러분도 가슴에 새기면 좋겠습니다.

북한산 기슭에서
고정욱

* 일러두기
1. 옛날 문헌을 보면, 울릉도와 독도의 이름이 여러 가지로 뒤섞여 있어 무척 복잡합니다. 여기에 대해서는 엄밀한 고증이 필요하며, 이 책에서는 어린이들이 쉽게 이해하도록 주로 울릉도와 독도라는 이름을 사용했습니다.

2. 안용복과 박어둔에 대해서는 지금도 연구가 계속 이어지고 있습니다. 나중이라도 믿을 만한 새로운 사실들이 밝혀지면 그 내용을 최대한 담아 수정하겠습니다.

한밤중의 행패

무엇이 부끄러운지 달도 어둠 속에 꽁꽁 숨은 그믐밤이었습니다. 바닷가 마을인 동래의 밤은 깊어만 갔습니다. 이른 아침부터 고깃배에서 생선을 떼다 이곳저곳에 팔고 온 소년 용복은 초가집 봉놋방에서 깊이 잠이 들었습니다. 잠을 잘 자야 이튿날 또 고된 일을 할 수 있기 때문입니다.

그때, 찢어지는 듯한 비명 소리가 밤하늘에 울려 퍼졌습니다.

"아아아악!"

온 동네 사람들이 그 소리에 부시럭대며 깨어났습니다. 무슨 일인가 싶어 둘레둘레 밖을 살피는데, 여인네 한 사람이 절뚝거리며 용복이네 집으로 들이닥쳤습니다.

"살려 주이소! 살려 주이소!"

용복은 장지문을 열고 내다보았습니다. 어머니와 아버지도 안방 문을 열고 마루로 나왔습니다. 옆집 사는 주막의 창원댁이었습니다.

"어쩐 일이오?"

"저 좀 살려 주이소!"

창원댁의 이마에는 피가 흐르고 있었고, 옷도 가리가리 찢겨 있었습니다.

"아이고, 저런! 어서 들어오세요!"

창원댁은 고향을 떠나 이곳 마을로 와서 주막을 하고 있는 여인이었습니다. 어려서 앓은 열병으로 다리를 절었지만, 곱상한 얼굴에 마음씨 착한 사람이었습니다. 용복이가 배에서 받아 온 싱싱한 물고기를 싸게 팔면, 감주를 한 잔 떠 주거나 고소한 콩떡을 손에 쥐어 주기도 했지요.

어머니가 창원댁을 급하게 방으로 들이려 할 때였습니다. 용복이네 싸리 울타리를 부수면서 술에 취한 일본 상인 나카다가

비틀거리며 초가집 마당으로 들어왔습니다.

"네 이년! 감히 내 말을 거역해?"

윗도리를 다 벗어 던진 나카다는 잔뜩 술에 취한 채로 손에 칼을 들고 있었습니다. 사람들은 그걸 보고 벌벌 떨었습니다.

"다 죽여 버리겠다!"

나카다는 다짜고짜 마루로 올라서면서 칼을 휘둘렀습니다.

"아아악!"

창원댁 입에서 비명이 터져 나왔습니다. 이대로 두면 목숨이 위험할 것 같았습니다.

"안 돼!"

어디서 그런 용기가 났는지 모를 일입니다. 용복이 방문을 박차고 뛰어나오더니 홍두깨를 집어 들고 나카다의 등짝을 후려 갈겼습니다.

용복의 아버지도 함께 거들어 나카다를 찍어 눌렀습니다. 그제야 동네 사람들이 달려와서 널브러진 나카다를 밖으로 끌고 나갔습니다. 그러는 사이 창원댁은 정신을 잃었습니다.

"큰일이다. 어서 의원님을 모셔 오도록 해라."

용복은 허둥지둥 의원의 집을 향해 달려갔습니다. 어두운 밤길을 달리며 용복은 눈물로 외쳤습니다.

"아주머니, 안 돼요! 죽으면 안 돼요!"

칠흑 같은 어둠 속에서 용복이는 몇 번이고 돌부리에 걸려 나뒹굴었습니다.

용복이 데려온 의원은 급한 대로 창원댁을 응급 처치해 주었습니다. 상처에 갑오징어 뼛가루를 뿌리고, 깨끗한 무명옷을 찢어 칭칭 동여매 준 것입니다.

다음 날, 포도청에서 관원들이 사건을 조사하러 나왔습니다.

"왜인들에게 술을 팔다니, 너는 나라의 법을 어겼다."

왜인이란 일본 사람을 낮잡아 이르는 말입니다. 그러나 관원들은 창원댁이 잘못한 것만 따졌습니다.

관원들은 크게 다쳐 열에 들떠 있는 창원댁을 그대로 끌고 갔습니다. 아직 술에서 깨어나지 못한 나카다도 데리고 갔습니다.

동네 사람들이 모두 나와 수군댔습니다.

"왜인들의 행패가 너무 심해서 큰일이야."

"그러게 말이오."

"마치 이곳이 자기들 땅인 양 오만방자하군."

동래는 부산의 옛 이름이라 할 수 있습니다. 이곳엔 임진왜란 때 항복한 일본인들이 많이 모여 살았습니다. '항왜'라고 불리는 이들은 일본식으로 집을 짓고 생활했습니다. 이들은 일본에서 가져온 물건들을 조선에 팔고, 조선에서 나오는 물건들을 일본으로 가져가는 중간상 역할을 했습니다.

그러다 보니, 주변에 사는 백성들도 돈을 벌기 위해 몰려들었습니다. 어부들이 바다에서 잡아 온 물고기를 사다 일본인들에게 팔았습니다. 이들은 싱싱한 물고기를 무척 좋아했습니다. 창원댁 아주머니도 돈을 벌려고 이곳에 주막을 차린 여인이었습니다.

언젠가 용복이 아주머니에게 물었습니다.

"아주머니는 왜 이곳에 오셨어요?"

"응. 이 동네 온천이 좋잖니. 그래서 왜인들도 여기를 좋아하는 거야. 그 사람들은 온천욕을 많이 한다더라."

용복은 어느 아저씨에게 이런 이야기를 들은 적이 있습니다. 동래 온천은 원래 논이었다고 합니다. 어느 날, 학 한 마리가 날아와 논에서 절룩거리며 돌아다니는 것을 한 할머니가 보았습니다. 그런데 며칠 뒤에는 두 다리가 온전해진 학이 힘차게 날아가는 것이었습니다. 신기해서 학이 있던 자리으로 가 보았더니 그곳엔 따끈따끈한 샘이 솟고 있었습니다. 다리가 쑤시고 아프던 할머니도 그곳의 물을 떠다가 무릎을 담가 보았습니다. 그랬더니 얼마 안 지나 다리가 나으면서 잘 걸을 수 있게 되었습니다. 이때부터 동래 온천이 온 나라에 알려지게 되었습니다.

다리를 저는 창원댁 아주머니도 이곳에서 온천욕을 하면서 많이 좋아졌다고 했습니다.

"용복아, 나는 이곳이 좋아. 옛이야기 속 할머니처럼 내 다리도 낫고, 왜인들에게 술과 밥을 팔면서 먹고살 수도 있잖니."

창원댁은 일본인을 상대해서인지 그들 말을 잘했습니다. 용복도 일본인을 상대로 물고기를 팔고 살기에 그들

말을 쉽게 알아듣고 대화를 나눌 정도가 되어 있었습니다.

며칠 지나 그 사건의 뒷소문이 마을에 퍼졌습니다. 행패를 부렸던 일본 상인 나카다가 추방된다고 했습니다. 멀지 않은 쓰시마 섬으로 쫓겨나는 겁니다. 하지만 창원댁 아주머니는 칼에 맞은 상처가 깊어져 시름시름 앓다가 그만 죽고 말았습니다.

조선 사람들은 일본인과 잘못 엮이면 큰 벌을 받았습니다. 하지만 일본인들은 큰 죄를 지어도 외국인이라서 자기 나라로 쫓겨날 뿐이었습니다. 밤만 되면 술 취한 일본 상인들이 떠들고 노래하는 소리에 조선 사람들은 숨을 죽여야 했습니다.

창원댁 아주머니가 상여에 실려 산으로 가는 걸 보며 용복은 슬피 울었습니다. 이렇게 일본인들에게 당하고도 하소연할 곳이 없는 게 너무도 서럽고 억울했습니다. 지켜보던 할아버지들이 혀를 차며 말했습니다.

"백 년 전 난리 때에도 정말 끔찍했다는데. 어느새 왜놈들이 이렇게 땅을 차지하고 있으니 걱정이야."

"그러게 말이야. 그놈들이 또 언제 조선 팔도를 먹겠다고 덤빌지 몰라."

이런 얘기를 들으며 용복은 임진년에 일어났던 난리 같은 일

이 다시는 생겨선 안 되겠다는 생각에 주먹을 불끈 쥐었습니다.

마음을 하나로 모으다

울산 앞바다가 검푸른 파도로 넘실거렸습니다. 바닷물이 육지 안쪽으로 깊이 들어오는 청량면 목도리 포구 한쪽에는 염전이 있었습니다. 염전은 바닷물을 막아 놓고 햇볕에 말려서 소금을 만드는 곳이지요. 여러 사람이 염전에 모여 따사로운 봄 햇살에 꽃 피듯 모습을 드러낸 소금을 긁어 모으는 중이었습니다.

동래에서 올라온 고깃배 한 척이 포구에 다다랐습니다. 그 배의 주인인 듯한 사내가 배에서 내렸습니다.

"내일 아침에 다시 동래로 갈 테니, 잡은 물고기들을 상인들에게 내다 팔고 그물은 잘 손봐 두시오."

“알았네.”

나이가 더 많은 뱃사람들은 사내의 말에 고분고분했습니다.

“나는 이곳 아는 동생 집에서 하룻밤 묵고
오겠소.”

“우리는 배에서 자도 되니, 잘 다녀
오시게나.”

키는 좀 작지만 다부진 체격에 눈이
부리부리한 사내의 이름은
안용복이었습니다. 동래에서
성장한 용복은 그뒤
동래 수군에
들어가 배의
노를 젓는 능로군을
했습니다.

힘이 세고 눈썰미도 좋아서 노를 젓는 솜씨가 일품이었습니다.
능로군에서 나온 뒤에는 어부가 되었습니다. 의리가 두터웠고
불의를 보면 못 참고 나서는 성품이었기에 사람들이 믿고 따랐
습니다. 그러다 보니 이렇게 작은 고깃배의 주인까지 된 것입
니다.

　용복의 손에는 바다에서 잡아 새끼줄로 묶은
싱싱한 도미 세 마리가 들려 있었습니다.
용복은 염전 사이로 난 좁은 길을 지나서
널찍하게 잘 지어진 어느 초가집 앞에
섰습니다.

　"이리 오너라."

　위엄 있게 불러 보았지만 아무런
대꾸가 없었습니다. 조금 뒤
부엌에서 나오던 더벅머리
총각이 용복을 보며 반겼습니다.

　"아이고, 어서 오십시오."

　"동생은 있느냐?"

"예, 지금
안에서 소금 내다 판 돈을 장부에
기록하고 계십니다."

　용복은 도미 꾸러미를 총각에게 건네고
사랑채로 들어섰습니다. 안용복보다
몇 살 젊어 보이는 삼십대 초반의 사내가
장부의 숫자를 확인하며 주판알을 튕기고
있었습니다.

　　"동생, 나 왔네."

　　　용복의 굵직한 목소리에 고개를 든
　　　사내는 버선발로 달려 나왔습니다.

　　　"아니, 형님. 미리 기별이라도 주시

　　지요."

　　　두 사람이 방 안에서 마주 앉았습니

　　다. 이 집의 주인은 울산 토박이인 박어

　　둔이었습니다.

　　"그동안 잘 있었나?"

"덕분에 잘 지내고 있습니다."

두 사람은 오래전부터 형 동생 하며 친하게 지내던 사이였습니다. 박어둔은 이곳에 염전을 가지고 있는 염간이었습니다. 과거에는 선조들이 벼슬도 했지만, 아버지 대에 몰락해서 평민이 되었습니다. 하지만 머리가 좋고 총명했던지라 염간을 해서 큰 부자가 되어 있었습니다. 박어둔의 손을 거치지 않으면 한양 사람들이 울산 소금을 먹을 수 없다는 말이 떠돌 정도였습니다.

"고기를 잡으러 물길을 타고 올라오다 보니 여기까지 왔네그려. 오늘 돌아가기엔 너무 늦고 해서 배는 포구에 대 놓고, 자네 얼굴이나 보며 하루 묵어 가려고 왔지."

"잘 오셨습니다. 얘야, 술상을 차리거라!"

박어둔은 밖을 향해 소리를 질렀습니다.

나이는 안용복이 세 살가량 많았지만, 둘은 막역한 친구처럼 지냈습니다. 동래와 울산은 날씨만 나쁘지 않으면 배로 하루 안에 오갈 수 있는 거리였습니다. 그래서 어부들은 서로 쉽게 친해졌고, 박어둔과 안용복도 그랬습니다.

안용복은 울산 어부들에게 박어둔에 관한 얘기를 들었습니다. 염전을 해서 큰 재산을 모았지만 사람이 겸손하고 친절하다는 것이었습니다. 게다가 장부를 기록해야 하니 글도 제법 안다고 했습니다.

박어둔 역시 동래 어부들에게 안용복에 관한 얘기를 들었습니다. 일본 말을 잘해서 일본 상인들과 거래를 하고 지내지만, 그들이 못된 짓을 하면 결코 눈감지 않는 씩씩한 성품과 기개를 지녔다는 것이었습니다. 그래서 둘은 서로에게 호감을 갖고 있다가 우연한 기회에 알게 되어 이렇게 흉허물 없이 지내게 된 것입니다.

안용복과 박어둔은 권커니 잣거니 하며 이야기를 풀어 나갔습니다.

"들어오다 보니 마당에 병장기가 가득 놓여 있던데 무엇 때문인가?"

"예. 이제 겨울이 지나고 봄이 왔으니 손질을 해 두려고요. 언제 왜구들이 쳐들어올지 모르잖습니까?"

왜구란 일본에 살며 배를 타고 건너와 노략질하던 무리를

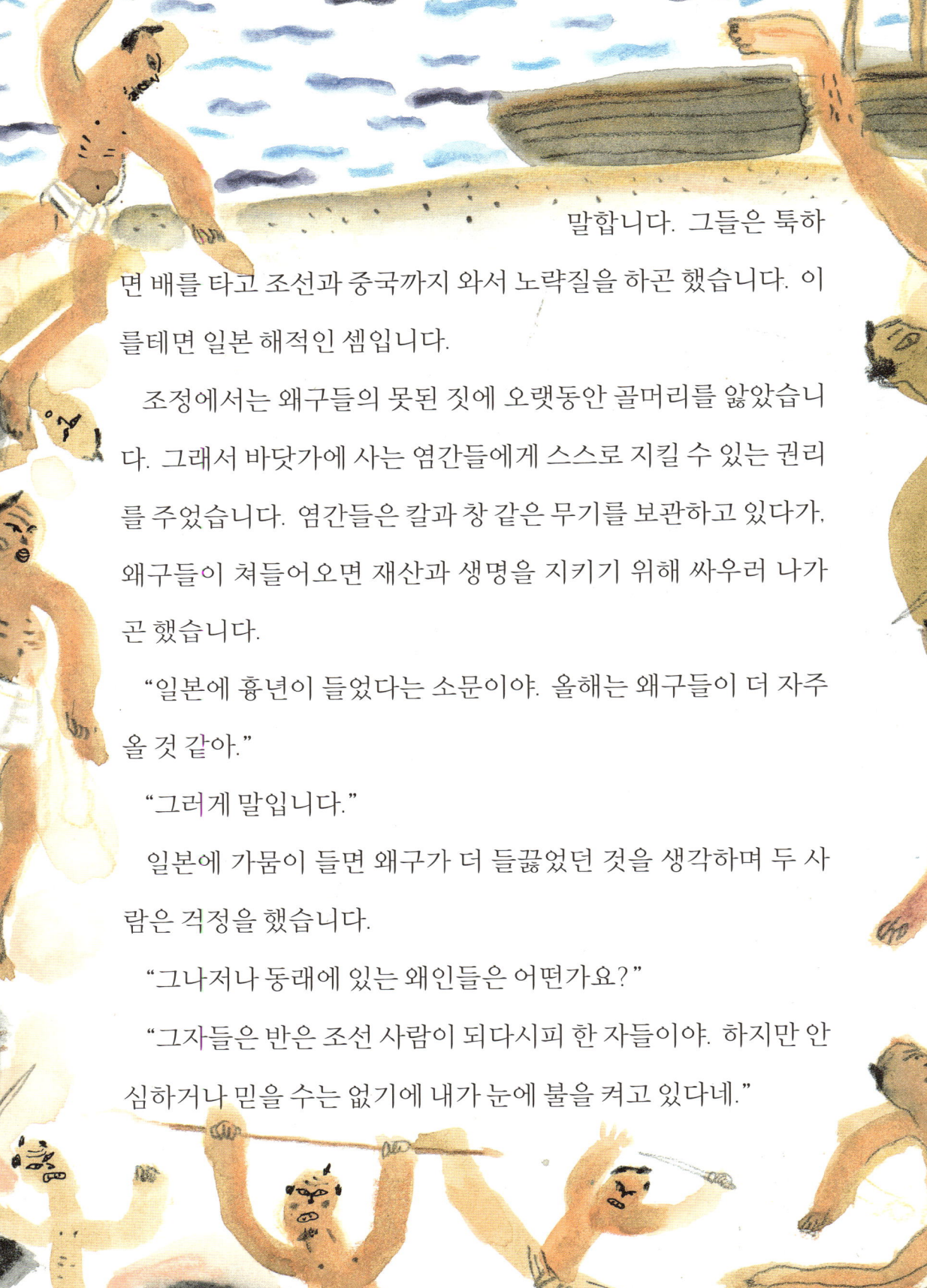

말합니다. 그들은 툭하면 배를 타고 조선과 중국까지 와서 노략질을 하곤 했습니다. 이를테면 일본 해적인 셈입니다.

　조정에서는 왜구들의 못된 짓에 오랫동안 골머리를 앓았습니다. 그래서 바닷가에 사는 염간들에게 스스로 지킬 수 있는 권리를 주었습니다. 염간들은 칼과 창 같은 무기를 보관하고 있다가, 왜구들이 쳐들어오면 재산과 생명을 지키기 위해 싸우러 나가곤 했습니다.

　"일본에 흉년이 들었다는 소문이야. 올해는 왜구들이 더 자주 올 것 같아."

　"그러게 말입니다."

　일본에 가뭄이 들면 왜구가 더 들끓었던 것을 생각하며 두 사람은 걱정을 했습니다.

　"그나저나 동래에 있는 왜인들은 어떤가요?"

　"그자들은 반은 조선 사람이 되다시피 한 자들이야. 하지만 안심하거나 믿을 수는 없기에 내가 눈에 불을 켜고 있다네."

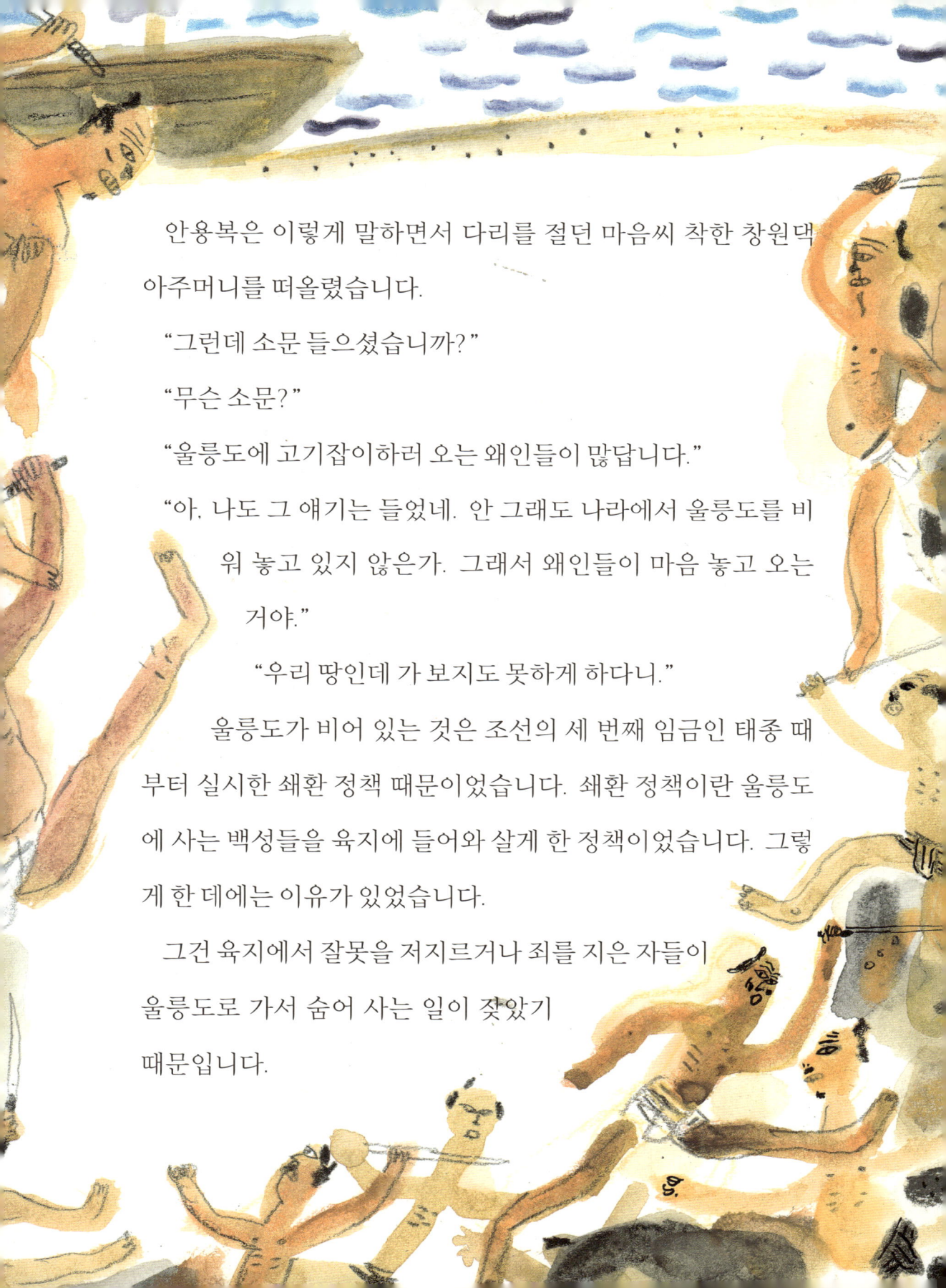

안용복은 이렇게 말하면서 다리를 절던 마음씨 착한 창원댁 아주머니를 떠올렸습니다.

"그런데 소문 들으셨습니까?"

"무슨 소문?"

"울릉도에 고기잡이하러 오는 왜인들이 많답니다."

"아, 나도 그 얘기는 들었네. 안 그래도 나라에서 울릉도를 비워 놓고 있지 않은가. 그래서 왜인들이 마음 놓고 오는 거야."

"우리 땅인데 가 보지도 못하게 하다니."

울릉도가 비어 있는 것은 조선의 세 번째 임금인 태종 때부터 실시한 쇄환 정책 때문이었습니다. 쇄환 정책이란 울릉도에 사는 백성들을 육지에 들어와 살게 한 정책이었습니다. 그렇게 한 데에는 이유가 있었습니다.

그건 육지에서 잘못을 저지르거나 죄를 지은 자들이 울릉도로 가서 숨어 사는 일이 잦았기 때문입니다.

조정에서는 그런 사람들을 관리하고 세금도 받아야 할 필요가 있었습니다.

뿐만 아니라, 울릉도에 사는 사람들만으로는 왜구의 침략을 막아 내기 어려웠습니다. 그래서 차라리 골치 아픈 울릉도를 비워 두기로 결정한 것입니다. 하지만 몰래 도망쳐서 울릉도에서 사는 사람들이 자꾸 생겼습니다.

울릉도는 고대에는 우산국이라 불리던 아주 작은 나라였습니다. 그러다가 512년(신라 지증왕 13년) 이사부 장군에게 정복되어 신라 땅이 되었습니다. 울릉도는 이후 이름도 우릉도, 무릉도, 의죽도 등으로 불렸습니다. 이렇듯 그 이름을 제대로 적지 못하니 혼동이 오곤 했습니다.

이런 사정은 울릉도에서 200리 정도 떨어진 곳에 있는 독도도 마찬가지였습니다. 울릉도와 함께 우산도로 불리기도 했고 그 밖에도 자산도, 가지도, 간산도 등 이름이 많았습니다.

"지금 울릉도가 비어 있는 걸 알고 왜인들이 활개를 친다는 거야."

술이 몇 잔 들어가면서 두 사람은 분을 삭이지 못했습니다.

"노략질하러 오는 것도 견딜 수 없는데, 자기들 마음대로 물고기를 잡아가고 전복도 따 가다니요. 마음 같아서는 이놈들을 당장이라도 쫓아가서 혼내 주고 싶습니다!"

안용복이 그 얘기를 듣고 주먹을 불끈 쥐며 말했습니다.

"못 할 것도 없지. 그놈들을 두들겨 패서 버르장머리를 고쳐 줘야 한다네."

"그게 가능하겠습니까?"

박어둔이 눈을 반짝이며 물었습니다.

"힘 좋은 어부들을 배에 태워 가서 그 녀석들을 밀어내는 거야. 자네에게 칼과 창도 있지 않나."

"그럼 당장 가시죠!"

박어둔은 당장이라도 사람들을 모아 배를 타고 떠날 기세였습니다. 하지만 방금까지 큰소리를 치던 안용복이 망설였습니다.

"이보게, 일단 앉게나. 흥분하지 말고."

"왜 그러십니까, 형님? 의로운 일을 하는데 무얼 망설이십니까?"

"여보게, 동생. 힘 좋은 어부들을 데리고 거기까지 가려면 돈이 많이 드네. 한낱 고깃배 주인인 내가 이를 어찌 감당하겠나."

사람들 수십 명을 데리고 울릉도까지 갔다 오려면 그들을 먹이고 재워야 합니다. 뿐만 아니라 품삯도 줘야 합니다. 안용복으로서는 엄두가 나지 않는 일이었습니다.

그러자 박어둔이 벌떡 일어났습니다. 그러고는 벽에 있는 장을 벌컥 열었습니다. 장 안에는 엽전이 수북하게 쌓여 있었습

니다.

"형님, 이 돈을 벌어서 어디에 쓰겠습니까. 왜놈들이 우리 땅을 마음대로 넘나들며 우리 물고기와 재산을 가로채는 꼴을 어찌 눈 뜨고 보기만 해야 한단 말입니까."

"하지만 우리 같은 사람들이 무슨 힘이 있겠나. 조정에서 알아서 할 일이지."

안용복이 고개를 숙이자 박어둔이 말했습니다.

"형님, 조정을 믿을 수 없습니다. 오죽하면 염간인 우리들에게 스스로 무기를 장만해서 왜놈들을 물리치라고 했겠습니까? 바다에서 먹고 사는 형님이나 나 같은 사람들이 나서서 물리쳐야 합니다. 목마른 자가 우물을 파는 법입니다."

박어둔의 설득이 이어졌습니다.

"전에 해 주신 말씀을 잊으셨습니까? 어린 시절 형님을 귀여워해 주던 창원댁 아주머니 말입니다. 그 아주머니에게 무슨 죄가 있습니까. 이대로 왜놈들을 놔두면 그런 아주머니가 계속 생겨나도 아무 말 못 하게 될 겁니다."

순간, 창원댁 아주머니의 피 묻은 옷이 눈앞에 어른거리고, 비명이 귓가에 들리는 것 같았습니다. 동래에서는 아직도 비슷한 사건들이 끊임없이 일어나고 있었습니다.

그런 생각을 하자 안용복의 가슴엔 피가 끓었습니다. 사나이 한 목숨. 이래 죽으나 저래 죽으나 마찬가지라는 생각이었습니다. 안용복이 자리를 박차며 벌떡 일어났습니다.

"맞아. 자네 말이 맞아. 자네가 뒤를 댄다면. 내가 반드시 저들을 무찌르고 오겠네!"

"형님. 저도 가겠습니다!"

"자네가 같이 가 준다면야 더 바랄 나위가 없지."

두 사람은 그 자리에서 굳게 약속을 했습니다. 사실 안용복은 누구보다도 앞장서서 왜인들을 쫓아내고 싶었습니다. 그러다가 든든한 동료를 만나니 가슴이 벅찼습니다.

"나라에서 지키지 못한다면 우리라도 우리 땅을 지키세!"

"지당하신 말씀입니다! 우리 땅은 우리가 지킵시다!"

안용복과 박어둔은 단숨에 술을 들이켰습니다. 이로써 정의로운 두 사람이 뭉치게 되었습니다. 꽃들이 다투어 피는 아름다운 봄밤이 이렇게 깊어가고 있었습니다.

일본 어부들과 충돌하다

1693년(숙종 19년) 봄이었습니다. 일본이 조선으로 쳐들어와 온 나라를 짓밟은 임진왜란이 끝나고 백 년도 채 안 된 때였습니다.

"나라를 위해 용감하게 주먹을 쓰고 싶은 사람은 모여라!"

소문을 듣고 동래에서 건장하고 주먹깨나 쓰는 어부들이 모였습니다.

"이번 길은 위험할 수도 있다. 각오가 되어 있느냐?"

"예. 나라를 위해 힘쓰는 일인데 급료까지 주신다니, 저희야 더 바랄 나위가 없습지요."

"한바탕 힘 좀 쓰고 오겠습니다."

안용복은 흐뭇한 얼굴로 이들을 바라보았습니다.

"좋다. 그렇다면 어디 한번 길을 나서 보자."

안용복과 피 끓는 젊은 어부들을 태운 배가 울산으로 향했습니다.

울산에서도 이미 박어둔이 청년들을 뽑아 놓고 있었습니다. 이들이 서로 만나자 기세가 하늘을 찔렀습니다. 힘세고 우락부락한 어부들을 한데 모으니 마흔 명가량이었습니다.

"형님, 이제 왜놈들 혼쭐을 내 놓읍시다!"

"그러자고, 동생!"

안용복 일행은 어선 세 척에 나누어 타고 울릉도를 향해 항해를 시작했습니다. 봄바다가 변덕스러운 바람을 일으키며 가는 길을 방해했지만, 우리 땅과 바다를 지키겠다는 마음에 이들은 모두 가볍게 흥분하고 있었습니다. 흔들리는 배 안에서 박어둔과 안용복은 이야기를 나누었습니다.

"우리 동래에서 힘깨나 쓰는 어부들을 데리고 와서 든든하다네."

"울산 어부들도 만만치 않아요."

"하하, 누가 더 힘센지 한번 해 볼까?"

"팔씨름으로 하시지요."

선원들은 왁자지껄하게 떠들며 울릉도로 향했습니다.

다음 날. 거센 파도가 가라앉고 바다가 잔잔해질 무렵에 수평선 너머로 울릉도가 보였습니다.

"저깁니다. 저게 바로 울릉도입니다!"

가장 먼저 발견한 선원이 큰 소리로 외쳤습니다.

"오, 그렇군."

성인봉을 중심으로 기암괴석들이 바다에서 솟아난 듯한 울릉도가 안용복 일행을 반겨 주었습니다. 푸른 옷을 두른 바위산들이 바다로 꽂히며 절경을 이루고 있었습니다. 안용복은 가슴이 설레었습니다. 전에도 한두 번 이곳 바다에 고기를 잡으러 온 적이 있었지만. 이렇게 다른 목적을 가지고 온 건 처음이었습니다. 그 어느 때보다 긴장되고 가슴이 벅찼습니다.

"왜놈들 배는 어디 있을까?"

안용복이 왜가리처럼 고개를 길게 뽑고 바다를 살폈습니다.

"울릉도를 한 바퀴 돌아 보시죠."

"그러세."

안용복 일행은 울릉도를 한 바퀴 빙 돌았습니다. 우거진 숲과 바위 위로 바닷새들이 모여드는 평화로운 풍경이었습니다. 안용복은 제법 훈훈해진 바닷바람을 맞으며 생각했습니다.

'이렇게 아름다운 우리 땅에 왜놈 하나도 발을 들이지 못하게 해야 해.'

그때였습니다. 어선의 오른쪽을 보고 있던 선원이 소리쳤습니다.

"저기 왜놈들 배가 있습니다!"

"어디? 어디?"

모두 그 선원이 가리키는 곳을 바라보았습니다. 정말 그곳엔 고기잡이를 마치고 울릉도로 돌아오는 배들이 보였습니다. 생긴 모양이 분명 우리 조선 배와 달랐습니다.

"저자들이 어디로 상륙하는지 따라가 보자!"

고기를 가득 잡은 일본 배들은 안용복 일행이 멀리서 보고 있는 것도 모른 채 울릉도의 촛대바위 앞 잔잔한 포구에 배를 대는 것이었습니다.

"배를 대고 저자들을 쫓아내자!"

근육이 불끈불끈 움직였고 호흡이
거칠어졌습니다. 곧 안용복의 배도
포구에 닿았습니다. 안용복의 배가 다가오는
것을 보고 일본 어부들이 바닷가로 몰려와서
웅성거렸습니다. 그들은 움막을 만들어 살고
있었습니다. 배에서 내리자마자 안용복은
유창한 일본어로 말을 건넸습니다.

"우리는 조선의 어부들이다! 너희는 누구 허락을 받고 남의 땅에 와서 집을 짓고 이렇게 물고기를 잡는 것이냐?"

그러자 우두머리로 보이는 사내가 나왔습니다. 주요 부위만 가리고 아무것도 입지 않은 반 벌거숭이 차림이었습니다.

"원래 빈 섬이었기에 우리가 이곳에 와서 사는 것이다."

"누구 허락을 받았단 말이냐?"

"허락은 필요 없다. 이곳은 원래 우리 일본 땅이기 때문이다."

"뭣이! 당장 물러나지 않겠느냐!"

"어디서 나타난 조선 놈들이 우리보고 물러나라는 것이냐?"

분위기가 험악해지고 있었습니다.

"여기가 왜 너희 땅이냐? 너희 일본 관리들이 이곳에 오게 허락을 했단 말이냐? 이곳은 엄연히 조선 땅이다."

그 말에 일본 어부들은 찔끔했습니다. 사실 남의 나라까지 오려면 허락을 받아야 하는데, 그러지 않았기 때문입니다. 낌새를 눈치 챈 안용복은 거세게 밀어붙였습니다.

"당장 이곳을 떠나라!"

그러자 일본 어부들이 칼을 들고 나와 위협했습니다.

"여기는 우리 땅이다. 한 발도 못 물러난다."

겁을 주기 위한 것이었지만, 안용복은 꿈쩍도 하지 않았습니다. 안용복 일행도 몽둥이와 숨겨 두었던 칼을 꺼냈습니다. 그들은 당황했습니다.

"우리 평화적으로 대화를 합시다."

"어떻게 하자는 거냐."

"조선 어부의 대표가 내일 우리 배로 오시오. 대화를 나눈 다음에 결정을 따르겠소."

싸움이 나면 서로 좋을 게 없다고 생각한 안용복 일행은 일단 물러나기로 했습니다. 일본 어부들은 육지에 있던 짐을 모두 배에 실었습니다. 겉보기에는 울릉도에서 떠나는 모양새였습니다.

그날 밤, 배에서 잠을 자며 안용복과 박어둔은 이야기를 나누었습니다.

"내일 형님과 제가 대표로 가지요."

"그러세. 이놈들 혼구멍을 내 줄 거야. 다시는 이곳에 안 온다는 약속을 반드시 문서로 받아야 해. 어둔이, 자네가 꼭 문서를 받아 놓도록 하게."

"걱정하지 마십시오."

다음 날 아침이 되었습니다.

"오늘 반드시 쫓아내도록 하자고."

"그러지요, 형님."

안용복과 박어둔은 일본 어선들 가운데 가장 큰 배에 올라탔습니다. 그리고 뱃머리에 서서 큰 소리로 외쳤습니다.

"어제 약속한 대로 우리가 왔소이다!"

그러자 선원 하나가 굽실거리며 말했습니다.

"잠시만 기다리십시오. 어젯밤에 술을 많이 마셔서 지금 주무시고 있습니다. 바로 깨우겠습니다."

일본 어부가 음흉한 미소를 지으며 말했습니다. 그러나 일본 어부들의 우두머리는 한참을 기다려도 나오지 않았습니다.

"왜 나오질 않는 것이냐?"

호통을 치자. 그제야 일본 어부들의 우두머리가 모습을 드러냈습니다. 그런데 그는 난데없이 칼을 뽑아들며 말했습니다.

"거기 두 놈은 꼼짝 마라! 우리는 너희를 일본 땅으로 끌고 갈 것이다. 감히 우리가 차지한 울릉도에서 행패를 부리다니!"

"네 이놈들!"

안용복이 호통을 쳤지만. 어느새 일본 어부들이 두 사람을 둘러싸고 칼을 겨누고 있었습니다. 박어둔이 큰 소리로 다른 배에 타고 있는 일행을 불렀지만. 조선 어부들은 이 소리를 듣지 못했습니다.

일본 배들은 일제히 닻을 올리고 노를 저으며 빠르게 바다로 나아갔습니다. 마침 바람까지 드세게 불어 조선 배들이 뒤를

쫓기에는 이미 너무 늦었습니다.

"네 이놈들, 이러고도 무사할 줄 아느냐? 감히 조선 땅에 함부로 들어오는 것도 큰 죄이거늘, 우리를 납치해서 어디로 가려는 것이냐?"

안용복이 고함을 질러 보았지만 소용없었습니다. 일본 어부들이 달려들어 밧줄로 두 사람을 꽁꽁 묶었기 때문입니다.

"기다려라. 우리 돗토리 번의 주인이신 번주님에게 끌고 가서 네놈들을 조사할 것이다. 이 기회에 울릉도가 일본 땅이라는 걸 우리가 확실하게 가르쳐 주겠다!"

일본 어부들의 우두머리가 큰소리를 땅땅 쳤습니다. 번이란 옛 일본의 행정 구역을 가리키는 명칭이었습니다. 우리나라로 치면 군과 비슷했지요.

안용복과 박어둔은 앞으로 일이 어떻게 될지 몰라 답답했습니다. 하지만 약한 모습을 보일 수는 없는 노릇이었습니다.

"형님, 이렇게 된 이상 가는 데까지 가 보지요."

"그래야 할 것 같아. 까짓것 죽기밖에 더 하겠는가."

안용복이 애써 태연한 척 말했습니다. 약한 기색을 보이고 싶지 않았던 것입니다.

하지만 일본 어부들도 속으로는 걱정하고 있었습니다. 일단 안용복과 박어둔을 납치했지만, 뒷일을 어떻게 해결해야 할지 알 수 없었기 때문입니다. 조선인을 일본으로 잡아 갔다가 자칫하면 나라와 나라 사이에 큰 문제로 번질 수도 있었습니다. 이런 고민거리를 안고 일본 어부들은 돗토리 번을 향해 배를 몰았습니다. 파도가 제법 거셌습니다.

번주를 만나다

이 배에 탄 일본 어부들은 돗토리 번 사람들이었습니다. 돗토리 번은 일본 서부에 위치한 지역으로 조선과는 동해 바다를 사이에 두고 있지요. 이들은 마침내 돗토리 번 앞바다에 있는 오키 섬에 도착했습니다. 그리고 이곳 관원들에게 안용복과 박어둔을 넘겼습니다. 안용복과 박어둔은 오키 섬에서 일주일가량 머물렀습니다.

"너희는 왜 다케시마에 와서 소동을 벌였는가?"

안용복은 조사를 하는 관원들에게 일본말로 당당하게 대답했습니다.

"울릉도를 말하는 것인가? 울릉도와 그 옆의 섬인 독도는 조선의 섬이다. 엄연한 조선의 땅인데도 너희 어부들이 함부로 물고기를 잡고 전복을 따 갔다. 게다가 우리를 강제로 납치까지 했으니, 이 문제는 정말 심각하다."

당시에 일본은 울릉도를 다케시마(죽도竹島), 독도를 마쓰시마(송도松島)라고 불렀습니다. 그러다가 200여 년이 지난 19세기 말부터는 슬며시 이름을 바꿔 독도를 다케시마로 부르고 있습니다.

오키 섬의 관원들은 안용복의 늠름한 태도에 당황했습니다.

"그동안 조선의 바다에서 많은 이익을 거두었는데, 이제 큰일 났구만."

"그러게 말일세. 이제 조선 사람이 여기까지 와서 항의를 하는군."

관원들은 자기들끼리 수군댔습니다. 그러고는 아무래도 돗토리 번을 다스리는 번주에게 보내야겠다고 정했습니다.

안용복과 박어둔은 다시 오키 섬에서 배를 타고 요나고 항으로 들어갔습니다. 그리고 항구에서 수로를 따라 바다에서 육지

쪽으로 깊숙이 올라갔습니다. 수로 끝에는 돗토리 번에서 큰 세력을 떨치는 오야 가문의 저택이 있었습니다. 안용복과 박어둔은 이곳에서 묵으며 조사를 받았습니다.

그러던 어느 날, 돗토리 번주가 부른다는 기별을 받고 성으로 들어갔습니다. 이곳에서 만난 번주는 키는 크지 않지만, 눈빛이 날카롭고 매서웠습니다.

"그대들은 누구인가?"

"우리는 조선에서 온 어부들이오. 나는 안용복이고, 이 사람은 박어둔이라 합니다."

번주의 얼굴이 굳어졌습니다. 신분 낮은 조선 어부의 태도가 너무나 당당했기 때문입니다. 하지만 안용복은 눈치를 보지 않고 하고 싶은 말을 다 쏟아냈습니다.

"우리는 조선 땅인 울릉도와 독도를 침범한 일본 어부들을 혼내 주려 했습니다. 그러나 오히려 그들에게 속아 이곳까지 오게 된 것입니다. 이 점에 대해 먼저 사과를 받고 싶습니다."

번주는 옆에 있는 시종의 귓속말을 듣고 나서 다시 입을 열었습니다.

"우리네 사람들이 당신들을 강제로 데려온 것은 잘못된 일이 분명하다. 어떻게 해서 이렇게 된 건지 소상히 말해 보라."

안용복은 지금까지 있었던 일들을 차근차근 설명했습니다. 그러고 나서 따졌습니다.

"울릉도는 조선의 섬입니다. 따라서 일본 어부들이 우리 땅에 와서 함부로 물고기를 잡고 전복을 따 가는 일은 부당합니다."

여기저기서 수군거리는 소리가 들렸습니다. 다시 번주는 옆을 돌아보며 뭐라고 대답해야 하는지 물어보는 눈치였습니다.

"이 자의 말이 사실인가?"

"예. 그렇습니다."

옆에 있던 시종이 쩔쩔매며 말했습니다.

돗토리 번주는 씁쓸한 표정이 되었습니다. 조선과 이런 문제로 외교적인 분쟁이 발생하면 자기가 책임을 져야 했기 때문입니다. 안용복은 벌써 수십 번이나 했던 말을 다시 꺼냈습니다.

"울릉도는 조선의 땅이고, 그 옆에 있는 독도 역시 조선의 땅입니다. 이에 대해 분명하게 확인해 주지 않으면 우리는 결코 조선으로 돌아가지 않겠습니다."

어려서부터 일본인들을 많이 겪어 본 안용복이었습니다. 강하게 말해서 기를 누르지 않으면 절대 굴하지 않는다는 걸 알고 있었습니다.

"그대들을 무사히 조선으로 돌려보내면 이 문제는 없던 걸로 하겠는가?"

번주의 물음을 받은 안용복은 박어둔을 바라보았습니다. 박어둔은 얼른 손으로 글씨 쓰는 흉내를 냈습니다. 확인서를 반드시 받아야 한다는 뜻이었습니다. 안용복이 말했습니다.

"문서로 약속해 주지 않으면 물러가지 않겠습니다."

번주는 어쩔 수 없다는 듯 손짓을 했습니다. 그러자 관원 한 사람이 무릎걸음으로 다가와 붓에다 먹물을 묻혔습니다.

"울릉도와 독도는 조선의 영토이니, 앞으로 우리 어부들은 이 두 섬에 출입하지 말라. 이런 내용으로 문서를 작성하여 저들에게 주어라."

"예."

관원이 붓글씨를 쓰는 동안 번주는 부드러운 표정으로 말했습니다.

"그대들에게 용서를 구해야겠군. 우리 돗토리 번은 에도 막부의 다스림을 받고 있네. 귀한 공물들을 바치려다 보니 우리 어부들이 거기까지 간 것 같은데, 앞으로는 이런 일이 없도록 내가 약속하겠네."

이윽고 문서 작성이 끝나자, 번주는 도장을 찍었습니다. 그리고 먹이 마르자 봉투에 담아 정중하게 안용복에게 건넸습니다.

사실 돗토리 번주가 작성한 문서는 에도 막부에서 지시받은 내용이기도 했습니다. 에도 막부는 도쿠가와 이에야스라는 인물이 에도(지금의 도쿄)에 세운 무인 정권이었습니다. 도쿠가와는 임진왜란에서 패배한 뒤 혼란스럽던 일본을 통일하고 전국을 다스리는 쇼군(장군)의 위치에 올랐습니다.

"자, 그럼 편히 쉬다가 좋은 날을 골라 조선으로 돌아가라. 쓰시마를 거쳐 가도록 해 주겠다."

일본과 조선의 중간쯤에 위치한 섬인 쓰시마(대마도)를 거치는 길은 조선과 일본의 공식적인 외교 통로였습니다. 번주는 안용복과 박어둔에게 은과 후추 따위를 선물로 주라는 명령도 내렸습니다.

두 사람은 내내 긴장을 늦추지 않았습니다. 일본인들 앞에서 허점을 보일 수는 없었기 때문입니다. 그러다가 숙소에 도착하자마자 두 사람은 서로 끌어안고 펄쩍펄쩍 뛰었습니다.

"여보게, 성공했네! 우리가 해냈어!"

"형님, 정말 다행입니다. 보람이 있습니다!"

두 사람은 평범한 백성인 자신들이 나라를 위해 이렇게 큰일을 했다는 것이 자랑스러웠습니다.

"이 문서는 꼼짝 못할 증거입니다! 이것만 보여 주면 앞으로는 왜인들이 울릉도와 독도에 얼씬도 못 할 겁니다!"

박어둔이 돗토리 번주가 작성해 준 문서를 몇 번이고 읽고 또 읽으며 말했습니다.

쓰시마 도주의 농간

　안용복과 박어둔은 나가사키 항으로 가서 조선으로 가는 배를 탔습니다.

　"오, 저기가 바로 쓰시마로군."

　기울어 가는 햇살을 받으며 쓰시마 섬이 모습을 드러냈습니다. 안용복은 감개무량했습니다. 뜻밖의 일로 일본까지 다녀오게 될 줄은 꿈에도 몰랐습니다. 그런데 이렇게 동래에서 멀지 않은 섬인 쓰시마까지 오게 된 것입니다. 쓰시마를 다스리는 도주에게 돗토리 번주의 공문을 보여 주면 이제 고향으로 갈 수 있게 됩니다.

이윽고 올망졸망한 작은 섬들로 둘러싸인 쓰시마 본섬의 항구에 배가 도착했습니다. 제법 산이 높고, 나무들이 울창한 곳이었습니다. 안용복은 배에서 내리자마자 공문을 관원에게 보여 주었습니다.

"나는 조선에서 온 안용복이오. 돗토리 번주의 허가를 받고 부산으로 가는 길이오."

공문을 받으면 왜인들은 대개 공손하게 고개를 조아렸습니다. 그런데 어찌 된 일인지 쓰시마의 관원들은 안용복 일행을 위협하며 단단히 묶는 것이었습니다.

"함부로 우리나라로 들어온 자들이 무슨 큰소리냐. 당장 감옥으로 끌고 가라!"

영문을 모른 채 안용복과 박어둔은 감옥에 끌려갔습니다. 갖고 있던 물건들과 서류도 빼앗기고 말았습니다.

감옥 안에서 안용복은 창살을 두들기며 큰 소리로 외쳤습니다.

"우리는 정식으로 허락을 받고 조선으로 돌아가는 사람들이다!"

　쓰시마 도주와 부하들은

돗토리 번주가 작성해 준 서류를 책상에 펼쳐 놓고 골머리를 앓

고 있었습니다.

　"아니, 울릉도와 독도가 조선의 땅이라고 확인을 해 주면 어쩌

　자는 거야?”

　　쓰시마는 조선과 일본 사이에 위치하다 보니 박쥐 같은 신세
였습니다. 일본에 속한 섬이지만, 때로는 조선에 붙어 눈치를 보
기도 했습니다.

이들은 울릉도와 독도가 자기네 영토가 아니라는 사실을 알고 있었습니다. 하지만 조선이 마음 놓고 있는 사이에 섬을 차지해서 세월을 보내면 자연스럽게 자기들 차지가 될 것 같았습니다. 그런데 안용복이 이런 서류를 가지고 오자 머리가 아팠던 겁니다.

도주의 부하 하나가 간교한 꾀를 냈습니다.

"이 기회에 울릉도와 독도를 아예 일본 땅으로 만들어 버리면 어떻겠습니까?"

"좋은 방법이 있겠느냐?"

"먼저 이들에게 일본 땅을 침입한 죄를 뒤집어씌워야 합니다. 그리고 조선으로 데리고 간 다음, 이에 대한 확인 문서를 받아 오는 겁니다."

"옳지. 우리의 불리함을 오히려 거꾸로 이용한다는 것이로군. 좋은 꾀로다. 하하하!"

그리하여 쓰시마 도주는 돗토리 번주가 작성한 문서를 빼앗아 없애고는, 석 달씩이나 안용복 일행을 잡아 가두었습니다. 그러다가 1693년 11월, 이미 찬바람이 부는 초겨울에 쓰시마 도주는 안용복과 박어둔을 꽁꽁 묶어서 배에 태워 조선으로 보냈습니다.

이들을 조선으로 끌고 온 자는 쓰시마의 관리인 다다 요자에몽이었습니다. 다다는 외교를 맡아 조선을 여러 차례 다녀가서 조선말도 제법 하는 사람이었습니다. 그는 여관에 짐을 푼 뒤 동래 부사에게 서찰을 써서 올렸습니다. 서찰의 내용은 이런 내용이었습니다.

안용복과 그 일행이 다케시마에서 고기를 잡다가 체포되어 일본으로 끌려왔습니다. 다케시마와 그 옆의 섬인 마쓰시마는 엄연히 우리 일본의 영토입니다. 따라서 이후로는 조선 어부들이 이곳에 들어오는 것을 용납하지 않겠습니다.

조선 조정에서도 조선 어부들이 일본 영토인 다케시마와 마쓰시마에서 어업 활동하는 것을 막아 주시기 바랍니다.

이들은 이렇게 해서 마치 울릉도와 독도가 자신들의 섬인 양 문서를 꾸몄습니다. 그러고는 조선 조정이 얼떨결에 그러겠노라고 답장을 써 주면, 그걸 핑계로 울릉도와 독도를 빼앗으려는 간교한 책략이었습니다. 얼마 뒤, 조선 조정에서는 심각하게 생각하지 않고 답장을 써 주었습니다.

조선 조정이 우리 백성들에게 바깥 바다로 나가지 말라고 한 것은 우리 땅인 울릉도가 멀기 때문이오. 이것은 울릉도 옆의 섬인 독도에도 해당되오.
우리 어부들이 그대들 땅에 들어갔다 돌아왔다는 내용을 들었소. 이로 인해 서찰을 보내 주고, 거기에 사람까지 돌려보내 주니 그 친절함에 감사하는 바이오.

조선 조정에서 이런 내용의 편지를 쓴 것은 일본의 속셈을 잘 알지 못했기 때문입니다. 동래에 머물던 쓰시마 사신 다다 요자에몽과 일행은 기다렸다는 듯이 문서를 받아 읽어 보았습니다.
"오오, 아주 좋아."
그들은 문서의 내용을 보고 기뻐 날뛰었습니다. 그런데 기쁨도 잠시였습니다. 조선의 문서에는 '우리 땅인 울릉도'라는 표현이 있었기 때문입니다.

"아, 그대들 땅이라고 하던가. 아니면 다케시마라고만 썼으면 얼마나 좋았을까."

"울릉도라는 말을 지워 달라고 하죠."

그들은 고민 끝에 울릉도라는 표현을 지워 달라고 요구했습니다. 하지만 조정에서 내려온 홍중하라는 관리가 그 사이에 안용복을 만난 사실을 다다 일행은 알지 못했습니다. 홍중하는 옥으로 가서 안용복을 불러냈습니다.

"네가 이 사건을 일으킨 안용복이냐?"

"그러하옵니다."

"일본 사신의 말에 의하면, 네가 자기네 섬에 침입했다고 한다. 그게 사실이냐?"

그 말을 들은 안용복은 펄쩍 뛰었습니다.

"억울하옵니다. 사실은 정반대입니다. 오히려 저들이 울릉도에 함부로 들어온 것을 사과하고, 다시는 우리 땅에 발을 들여놓지 않겠다고 약속했사옵니다."

"그래? 자초지종을 자세히 말해 보아라."

안용복은 눈물을 흘리며 자신이 겪은 일을 있는 그대로 털어 놓았습니다. 반나절 동안이나 안용복의 이야기를 들은 홍중하는 비로소 진실을 알았습니다. 그래서 자리에서 일어나며 말했습니다.

"우리 땅을 지키려는 너의 마음이 가상하구나. 내 이제 진실을 알았으니 상세히 보고를 올리겠다. 하지만 조정의 허락 없이 함부로 먼 바다까지 나간 것은 잘못이기에, 이에 따른 벌은 받아야 할 것이다."

홍중하는 그길로 한양(서울의 옛 이름)으로 올라가서 자기가 들은 내용을 그대로 숙종 임금에게 전했습니다. 이 소식을 들은 몇몇 신하들이 들고 일어났습니다.

"전하, 하마터면 큰일 날 뻔 했사옵니다."

우리 땅을 지키자고 가장 강하게 나선 자는 영의정인 남구만이었습니다. 안용복을 만나고 온 홍중하에게 진실을 들었기 때문입니다. 남구만은 눈물을 흘리며 임금에게 말했습니다.

"전하, 왜인들이 울릉도라는 이름을 숨기고 다케시마라고 하는 것은, 조선을 속여 울릉도를 자기네 땅이라고 주장하기 위해

서입니다. 그러니 절대로 그들이 원하는 대로 문서로 확인해 줄 수 없습니다!"

　숙종 임금은 영의정의 간곡한 말을 듣고 조용히 고개를 끄덕였습니다.

결국 쓰시마에서 온 사신들은 별 다른 소득 없이 자기들 땅으로 돌아갔습니다.

"죄인들은 나오거라!"

안용복은 박어둔과 함께 감옥에서 끌려 나갔습니다.

"나라의 법을 어기고 다른 나라까지 다녀온 죄는 죽어 마땅하다. 하지만 우리 땅을 지키려 노력한 공이 있어 각각 곤장 백 대와 팔십 대에 처한다."

안용복과 박어둔은 나라에서 상을 받기는커녕 벌을 받았습니다. 곤장 100대와 80대면 심한 벌이었습니다. 그러나 목숨을 건졌다는 것은 행운이기도 했습니다. 안용복과 박어둔은 억울한 마음을 꾹 누르고 매를 맞았습니다.

포기할 수 없다

안용복이 일본을 다녀온 지 3년이 지난 1696년의 봄이었습니다. 울릉도 앞바다는 여전히 새파란 바다에서 하얀 물거품이 일며 파도가 넘실거렸습니다.

그런 물결에 배 몇 척이 흔들리고 있었습니다. 여전히 주인 없는 섬이라고 생각한 일본 어부들이 다시 몰려와서 물고기를 잡거나 전복을 따고 있었습니다.

일본 어부들이 바닷가에 배를 대 놓고 밥을 지으려 할 때였습니다. 낯선 배 한 척이 다가오더니 이들을 크게 꾸짖었습니다.

"울릉도는 조선의 땅인데. 어찌하여 너희들이 함부로 넘어

와서 이 짓거리냐? 너희들을 모두 잡아 가두겠다!"

이들이 낯선 배를 바라보니 여러 사람이 조선의 관복을 입었고, 그 중 우두머리로 보이는 사람이 호령을 하고 있었습니다.

"앗, 큰일이다!"

"여기까지 조선의 관원들이 올 줄은 몰랐는데."

일본 어부들은 사색이 되었습니다. 안용복이 다녀간 뒤로도 아무런 방해도 받지 않고 물고기를 마음껏 잡았기 때문입니다. 이들은 당황한 기색이 뚜렷했습니다. 그러다가 이들 가운데 대표로 보이는 어부가 나서서 말했습니다.

"우리는 마쓰시마에서 고기잡이를 하다가 이곳에 왔는데, 곧바로 마쓰시마로 돌아가겠습니다."

"마쓰시마라면 독도를 말하는 것이냐?"

"네."

일본인들은 독도를 자기들 멋대로 불렀습니다.

"독도 또한 울릉도와 더불어 우리 땅이다! 어찌 너희들이 그곳에서 함부로 고기를 잡느냐?"

"안 되겠다. 빨리 도망가자!"

일본 어부들은 황급히 배를 타고 독도를 향해 도망쳤습니다. 조선의 관원들은 일본 어부들이 도망친 울릉도에 배를 대고 땅에 내렸습니다. 십여 명의 사람들이 내려 주위를 살펴보았습니다. 이들은 분을 참지 못하고 말했습니다.

"이런 못된 놈들!"

"울릉도와 독도가 마치 자기네 땅인 것처럼 함부로 구는 꼴을 좀 보게!"

이들 가운데 가장 높은 지위를 나타내는 관복을 입은 관원은 바로 안용복이었습니다.

"제가 뭐랬습니까. 정신을 바짝 차리지 않으면 우리 땅도 빼앗길 수 있습니다."

안용복은 주먹을 불끈 쥐며 눈앞에 펼쳐진 바다를 바라보았습니다. 안용복과 함께 온 일행은 그와 뜻을 같이하는 사람들이었습니다. 이들이 여기에 다시 오게 된 데에는 사연이 있었습니다.

3년 전에 울릉도에 갔다가 일본까지 다녀오게 된 안용복은 동래 감옥에 갇힌 채 조사를 받고 매도 맞았습니다. 한동안은 움직이기도 힘들 정도로 몸이 상했습니다. 이젠 울릉도와 독도 문제는 떠올리기도 싫었습니다.

그런데 사람 일이라는 게 이상합니다. 생각과 달리 안용복의 행동은 시간이 갈수록 사람들 사이에 널리 퍼졌습니다.

"글쎄, 안용복이라는 사람이 일본까지 가서 울릉도와 독도는 우리 땅이라고 했다네. 왜놈들에게 아주 호통을 치고 왔다는군."

"대단하구만. 얼굴이라도 한번 보고 싶네."

임진왜란으로 온 나라가 일본군에게 짓밟히고 수많은 사람들이 목숨을 빼앗긴 것이 불과 백 년 전이었습니다. 그런데도 일본 어부들이 다시 슬금슬금 우리 바다로 들어와서 마음껏 물고기를 잡고 해산물을 캐 간다는 말을 듣고 많은 이들이 분하게 생각하던 참이었습니다.

그러다 보니 뜻있는 사람들이 점점 안용복 주위에 모여들었습니다. 전라도 순천 땅에 있는 흥국사의 뇌헌 스님도 그런 사람이었습니다. 뇌헌 스님은 안용복을 만나 자세한 사연을 듣고 크게 감동했습니다.

"정말 장하고 훌륭합니다. 조정에 있는 대신들도 할 수 없는 일을 하셨소."

"조선의 백성이라면 누구라도 저처럼 하지 않았겠습니까. 다만 왜국 어부들이 여전히 울릉도와 독도에 몰려와서 고기를 잡고 전복이나 해삼을 캐 간다니 그것이 분할 뿐입니다."

"두고 볼 수 없는 일이오. 나도 안 장사가 하는 일이라면 두 팔 걷어붙이고 힘껏 돕겠소."

안용복은 키가 작았지만 몸집이 아주 단단해 보이는 사내였습니다. 무엇보다도 눈빛이 형형했습니다. 하지만 이런 생김새보다도 그의 의로운 행동에 감동하여 뇌헌 스님은 장사라고 부른 것이었습니다.

이인성과 김성길이라는 선비가 뇌헌 스님에게 연락을 받고 안용복을 찾아왔습니다. 이들이 물었습니다.

"지금 조정에서는 어찌 하고 있습니까?"

"모르겠습니다. 저한테까지 알려 주진 않으니까요. 하지만 소문에 따르면 우리 조정에서 울릉도를 지킨다고 했고, 일본에서도 울릉도와 독도가 조선 영토라는 것을 인정했다고 합니다."

"그럼 문제가 다 해결된 거 아니오?"

"그런데 쓰시마의 도주가 간교하게도 시간을 끌고 있는 것 같습니다."

"우리가 나서서 확실하게 혼구멍을 내줘야겠군요."

안용복이 그 말을 듣고 말했습니다.

"하지만 조선의 관원이라고 하면 쳐다봐 줄까. 저 같은 어부가 가서 떠들어 봐야 콧방귀도 안 뀝니다. 나중엔 조정에서 곤장이 나 맞을 겁니다."

안용복은 나라를 위해 일하고도 마음의 상처를 크게 입은 것이었습니다. 그러자 뇌헌 스님이 말했습니다.

"임진왜란 때 사명대사를 비롯하여 스님들까지 목숨 걸고 싸운 건 나라를 지키기 위해서였소. 나라가 없다면 백성도 없소. 이렇게 힘없이 울릉도와 독도를 빼앗긴다면 어찌 우리 조상들을 뵐 수 있겠소. 우리 모두 힘을 모아 왜국의 배들을 우리 바다에서 쫓아냅시다."

이 말에 모두 고개를 끄덕였습니다.

곧바로 일이 시작되었습니다. 뇌헌 스님은 배를 준비하고 식량도 장만했습니다. 뿐만 아니라, 함께 나설 제자 스님들을 네 명이나 데려왔습니다. 안용복을 도와 배를 몰 뱃사람도 세 사람이 왔습니다.

이들은 내친 김에 관복과 신분을 증명하는 호패까지 준비했습니다.

"우리가 관복을 입고 가서 관원이라 주장해도 그들이 어찌 알겠소."

"나라를 위해서 하는 일이 아닙니까. 우리라도 나서서 왜국의 어부들을 쫓아내고, 일본에 가서 확인서를 받아 옵시다."

안용복과 일행은 피가 끓어올랐습니다. 그렇게만 된다면 정말 본때를 보일 수 있다 생각했습니다.

"좋습니다. 한번 해 봅시다."

이렇게 해서 안용복을 포함하여 모두 열한 사람이 배를 타고 바다로 나아갔습니다. 울릉도에 도착한 이들은 관원 행세를 하며 일본 어부들을 호통 쳐서 내쫓았습니다. 그리고 다음 날 다시

배를 띄웠습니다.

"자, 여기서 동남쪽으로 이백 리 정도 가면 독도입니다. 어서 갑시다. 왜놈 어부들이 반드시 그곳에 모여 있을 겁니다."

돛을 올리고 반나절 가량 열심히 나아가니 과연 바다 위로 섬이 보였습니다. 시퍼렇고 깊은 바닷물 위로 힘차게 솟은 두 개의 섬이 있었고, 그 주변으로 작은 바위섬들이 올망졸망 모여 있었습니다. 사람이 오래 머물기엔 어려울 듯했고, 갈매기들만 끼룩대며 날고 있었습니다.

"아, 저기가 독도로구나. 크진 않아도 기운차고 늠름한 것이 과연 우리 땅이로다."

가슴이 벅차오르는지 이인성이 혼잣말로 중얼거렸습니다.

그런데 바위섬들 사이로 배 몇 척이 보였습니다. 가까이 가면서 살피니, 과연 일본 어부들이 섬에 배 몇 척을 대놓고 넓직한 바위 위에 모여서 이른 저녁을 준비하는 중이었습니다.

그걸 본 안용복은 뱃전에서 크게 외쳤습니다.

"독도는 조선의 땅이다! 그런데 감히 왜놈들이 이곳을 침범하다니! 얘들아, 어서 저자들을 혼내 주거라!"

힘깨나 쓰는 뱃사람들을 앞세우고 안용복 일행이 우르르 내렸습니다. 관복을 입고 칼과 몽둥이를 들어 제법 위엄 있는 모습들이었습니다. 이들은 가마솥을 뒤엎고 밥상을 발로 걷어찼습니다. 일본 어부들은 허둥지둥 자기들 배로 도망쳤습니다.

"에이, 잘 먹고 잘 살아라!"

"이대로 물러날지 두고 봐라!"

일본 어부들은 서둘러 배를 띄워 바다로 나가면서도 곧 다시 오겠다고 조롱했습니다. 조선 배가 함부로 쫓아오지 못할 거라고 믿었던 것이지요. 그러나 안용복은 이미 작정한 바가 있었습니다.

"네놈들, 게 섰거라!"

배는 일본 어부들의 어선을 따라 큰 바다로 나섰습니다. 일본 어선들은 바람을 받으며 부지런히 달아났지만, 조선의 배가 계속 따라오자 몹시 당황했습니다.

밤이 지나고 날이 밝았습니다. 그리고 다시 해가 서쪽으로 기울 무렵, 안용복의 배는 오키 섬에 도착했습니다. 험한 파도를 헤치고 오느라 일행은 몹시 지쳤습니다. 하지만 곧바로 오키 섬의 관리들에게 조사를 받았습니다.

조선의 관복을 차려입은 안용복은 이곳의 관리들 앞에서 당당하게 말했습니다.

"나는 삼 년 전에 이곳에 와서 울릉도와 독도는 조선의 땅이라고 분명히 말했소. 그리고 이를 증명해 주는 문서도 받아갔소. 그런데 약속을 어기고 이곳 어부들이 우리 바다에 들어오다니 대체 무슨 도리란 말이오?"

오키 섬의 관리들은 쩔쩔맸습니다. 전에 안용복이 왔던 것을 또렷하게 기억하고 있었기 때문입니다.

"아, 화를 푸시오. 번주님께 바로 보고를 드리겠습니다."

그들은 안용복을 이렇게 타일렀습니다. 하지만 아무리 기다려도 소식이 없었습니다. 안용복 일행은 벌써 두 달이 되도록 오키 섬에서 머물고 있었습니다.

"왜인들은 이래서 문제요. 시간만 끄는 게 아니겠소."

선비인 김성길이 분한 목소리로 말했습니다.

"직접 쳐들어가야 합니다. 돗토리 번주를 찾아가 담판을 지읍시다."

모두들 안용복의 결의에 찬 말을 반겼습니다.

"그럽시다. 왜인 어부들이 조선 땅 근처에 얼씬도 하지 못하게 하겠다는 약속을 반드시 문서로 받아 냅시다."

안용복 일행은 이른 새벽에 숙소를 빠져 나왔습니다. 그리고 다시 배를 띄워 소리 없이 바다로 나왔습니다.

다시 확인 문서를 받아오다

안용복은 이미 목숨을 내놓은 것이나 다름없었습니다. 나라의 허락도 없이 일본으로 간 것도 그렇지만, 관복을 갖춰 입고 조선의 관리로 행세했으니까요. 하지만 이번에는 대접이 전과 완전히 달랐습니다.

"어서 오십시오. 가마에 오르시지요."

조선에서 온 높은 관리라고 생각한 일본인들은 안용복을 가마에 태워 돗토리 번주의 관청으로 안내했습니다. 3년 전에도 왔던 곳이지만, 어엿하게 관복을 입고 가마까지 타고 들어서자 안용복은 감회가 새로웠습니다. 번주도 안용복을 만나자 한결 예

우를 갖추었습니다.

"그대는 몇 년 전에 왔던 그 어부가 아닌가?"

"그때의 공로를 인정받아 관원이 되었습니다. 그러니 관원의 예로 대하시오."

안용복은 천연덕스럽게 거짓말을 했습니다. 번주는 놀랐습니다. 지난번에 어부로서 왔을 때에는 잘 달래서 돌려보내면 되었는데 관원이 되어 정식으로 다시 오다니. 이건 상상도 못 했던 일이었습니다. 자칫하면 문제가 커질 것 같았습니다.

안용복은 지난번에 받아간 문서를 쓰시마 번주에게 빼앗겼다는 얘기를 했습니다. 그리고 다시금 전에 했던 말을 되풀이했습니다.

"울릉도와 독도는 조선의 영토요. 나는 이 사실을 당신네 막부 정권에게 확인해 보려고 왔소이다."

돗토리 번주는 무척 당황한 듯했습니다.

"아, 왜 이러시오. 잠시 쉬면서 천천히 이야기합시다."

안용복은 기다렸다는 듯이 준비해 간 조선팔도 지도를 펼쳐 보이며 말했습니다.

"삼 년 전에 나는 분명히 그대에게 울릉도와 독도가 조선 땅이라는 문서를 받았소. 하지만 쓰시마 도주가 문서를 가로채고, 오히려 조선을 속이려 드니 도저히 참을 수가 없소. 게다가 그대의 어부들이 다시 우리 땅과 바다에 들어와 노략질을 하고 있으니 역시 두고만 볼 수 없는 일이오. 나는 이런 사실을 막부에 알릴 것이오."

일본을 다스리는 에도 막부에 서찰을 쓰는 일은 이인성이 맡았습니다. 안용복이 불러 주는 내용대로 이인성은 그동안 있었던 일들과 울릉도와 독도가 조선의 영토라는 사실을 상세하게 썼습니다.

그런데 얼마 뒤, 어떻게 알았는지 쓰시마 도주의 신하가 허겁지겁 달려왔습니다. 그 신하는 기가 팍 죽은 표정으로 고개를 조아리며 거듭 사죄를 했습니다.

"저희가 큰 잘못을 했습니다. 울릉도와 독도는 조선의 땅이 확실합니다. 그러니 앞으론 우리 어부들이 그곳에 얼씬도 못 하도록 엄중하게 단속하겠습니다."

안용복이 고개를 저으며 물었습니다.

"그 말을 믿지 못하겠소. 삼 년 전에는 그대들이 이 내용을 확인하는 문서를 빼앗고, 오히려 내가 일본 땅에 침입했다면서 처벌을 요구하지 않았소?"

그러자 그 신하는 무릎을 꿇고 빌면서 통사정을 했습니다.

"사실은 올해 초에 울릉도와 독도는 조선 땅이라는 사실을 인정하는 문서가 막부에서 내려왔습니다. 그런데 사정이 있어서 아직 조선 조정에는 알리지 못하고 있었습니다."

"그 사정이라는 게 무엇이오?"

"예, 그때 만나셨던 도주님은 병환으로 돌아가셨고, 지금은 그 아드님께서 쓰시마를 다스리고 있는데 아직 나이가 너무 어리셔서……."

쓰시마에서 온 신하는 이번 사건이 에도의 막부에 알려지면 벌을 받을까 봐 크게 두려워하고 있었습니다. 그러면서 다시는 자기네 어부들이 울릉도와 독도에 가지 못하게 할 것이며, 이런 사실을 빠른 시일 안에 조선 조정에도 보고하겠다고 거듭 약속했습니다.

"어떻게 할까요?"

안용복이 뒤를 돌아보았습니다. 뇌헌 스님을 비롯하여 이인성, 김성길 등 일행이 고개를 끄덕이고 있었습니다. 안용복은 그제야 안심을 했습니다.

찌는 듯한 무더위가 조금씩 물러갈 무렵, 안용복은 배를 타고 동해 바다를 건너 우리 땅인 강원도 양양으로 돌아왔습니다. 조선에 도착하자, 관원들이 바닷가로 달려 나왔습니다.

"아니, 어디서 온 배냐? 그리고 너희들은 누구냐?"

"조선의 배요. 우리는 왜국에서 오는 길입니다."

안용복은 지금까지 있었던 일을 당당하게 이야기했습니다.

"돗토리 번주가 정중하게 사과하면서, 다시는 울릉도와 독도를 넘보지 않겠다고 굳게 약속했습니다."

하지만 양양 군수는 그 말을 믿지 않았습니다.

"저 배를 뒤져라!"

관원들이 배를 뒤지자 함 속에서 관복과 호패가 나왔습니다.

"네놈들이 감히 관복을 입고 왜국까지 갔다 오다니, 용서할 수 없다! 모두 감옥에 가두어라!"

안용복과 일행은 양양에서 감옥 생활을 하게 되었습니다. 그리고 죄가 무겁다 하여 며칠 뒤 한양으로 가게 되었습니다.

"나랏법을 어긴 놈들이니 조정에서 벌할 것이다."

안용복과 일행은 죄인의 신분으로 한양으로 가게 되었습니다. 워낙 높고 험해서 오르내리다가 '데굴데굴 크게 구르는 고개'라는 뜻으로 대굴령이라 불리기도 했다는 대관령도 넘었습니다.

한양으로 가는 길은 멀고도 멀었습니다. 벌써 찬바람이 불고 낙엽이 지는데, 휘영청 밝기만 한 달을 보면서 안용복은 한숨을 쉬었습니다. 어쩌다가 이 지경이 되었는지 자신도 모를 일이었습니다.

"하늘도 무심하구나."

오로지 우리 땅을 지켜 내겠다는 마음뿐이었는데, 이렇게 스산한 바람을 맞으며 죄인이 되어 한양으로 가게 될 줄은 차마 몰랐습니다. 안용복은 깊은 한숨을 내쉬었습니다.

"바른 뜻을 세우고 벌인 일이니 큰일은 없을 것이오."

옆에서 걷고 있던 뇌헌 스님이 지긋하게 말했습니다. 안용복도 자기 몸 하나 희생해서 나라를 지킬 수만 있다면 더 바랄 게 없다고 생각했습니다. 일행은 서로 용기를 북돋워 주며 무거운 발걸음을 옮겼습니다. 그리고 마침내 한양에 도착하여 의금부 감옥에 갇히게 되었습니다.

의로운 뜻이 역사에 길을 만든다

조정이 발칵 뒤집어졌습니다. 숙종 임금에게도 보고가 올라 갔습니다.

"동래 사람 안용복을 포함하여 열한 명이 왜국을 불법으로 다녀왔다고 합니다."

신하들은 난리가 났습니다. 나랏법을 어겼다고 무거운 벌을 주어야 한다는 목소리들이 높았습니다.

"국법에는 분명히 다른 나라에 가려면 미리 허락을 받기로 되어 있습니다. 안용복은 한 번도 아니고 두 번이나 왜국에 다녀왔습니다. 이런 식으로 국법을 가벼이 여기는 자를 살려 두시면 나라가 흔들리옵니다.”

그러나 안용복을 칭찬하는 신하들도 있었습니다.

“그렇지 않사옵니다. 법을 어기긴 했으나, 안용복 같은 자가 있기에 우리 땅이 지켜지는 것입니다. 왜국의 책임자에게 굳은 약속까지 받았다고 하니, 이제 다시는 왜인들이 우리 땅에 들어오지 못할 것입니다.”

신하들의 의견은 팽팽하게 맞섰습니다. 임금은 이럴 수도 저럴 수도 없는 지경에 처했습니다. 어떻게든 안용복을 살리고 싶었습니다. 하지만 뜻대로만 결정하면 반대하는 신하들이 들고 일어날 게 뻔했습니다.

“그러면 지혜로운 대신들에게 의견을 구해 보도록 하시오.”

임금의 명령이 내려졌습니다. 윤지완이 조정에서 서신을 받은 것은 그때였습니다. 윤지완은 우의정이라는 높은 벼슬까지 올랐으나, 얼마 전에 그만두고 물러앉아 조용히 살고 있는 사람이었습니다.

윤지완은 한쪽 다리가 없는 장애인이었습니다. 일본에 통신사로 다녀오면서 겨울 추위를 겪어 동상을 심하게 입었습니다.

게다가 부모님의 무덤을 3년 동안 지키다가 상처가 더 악화되어 결국 왼쪽 다리를 자르게 되었던 것입니다. 다리 한쪽이 없었지만 임금 앞에서 지팡이를 짚을 수는 없었습니다. 지팡이를 짚는다는 건 노인이 되었다는 의미이기 때문입니다. 유교 국가인 조선에서는 임금이 가장 높은 어른입니다. 그래서 윤지완은 임금이 말리는데도 벼슬에서 물러나 조용히 지내고 있었습니다.

그런데 윤지완이 서신을 살펴보니, 안용복이 나라의 허락도 없이 일본에 가서 담판을 하고 온 내용이었습니다. 이에 대해 윤지완은 자신의 의견을 글로 썼습니다.

국법을 지키는 것도 중요하지만, 계책을 만들어서 나라를 지킨 안용복을 없앨 수는 없습니다. 살려 주십시오.

안용복을 살리자는 사람은 윤지완만이 아니었습니다. 숙종이 아끼던 신하인 남구만도 안용복을 두둔했습니다.

가벼이 죽일 수 없는 사람이 바로 안용복입니다. 안용복은 왜인

들의 울릉도 왕래를 금지시켜 다시는 오지 않게 했습니다. 더구나 그는 자기가 지은 죄를 스스로 다 이야기했습니다.

안용복을 처단하면, 우리가 울릉도에 간 것이 잘못인 것처럼 보이게 됩니다. 왜인들의 기를 꺾은 것은 안용복의 공입니다. 살려 주셔야 합니다.

이 의견을 들은 숙종은 고개를 끄덕였습니다. 나랏법대로 하자면 안용복을 죽여야 마땅하겠지만, 여러 현명한 신하들의 말을 듣고 나니 더욱 살려 주고 싶었습니다.

"죽이는 것은 심하니, 죄를 줄여서 귀양을 보내도록 하라."

그리하여 안용복의 운명은 귀양 가는 것으로 정해졌습니다.

며칠 뒤, 의금부 감옥에 들어가 있던 안용복에게 담당 관리가 다가와 말했습니다.

"안용복은 귀양을 가도록 한다."

1697년 3월의 일이었습니다. 나라를 위해 두 번씩이나 목숨 걸고 동해 바다의 거친 물살을 헤치고 일본까지 다녀온 안용복이었습니다.

머나먼 귀양길을 떠나면서 안용복은 희미한 미소를 지었습니다.

"의로운 사람이 있을 곳은 감옥과 낯선 땅뿐이로구나."

자신의 뜻을 이해받지 못하는 처지가 서럽긴 했지만, 후회스럽지는 않았습니다. 높은 사람들이 보기엔 평범한 백성의 무모한 행동이었을지 몰라도, 간사하고 교활한 자들이 울릉도와 독도를 자기네 땅으로 만들려고 한 것을 끝내 막았기 때문입니다.

조선 시대 후기의 뛰어난 학자인 이익은 《성호사설》이라는 책에서 안용복에 대해 다음과 같이 평가했습니다.

"안용복은 참으로 영웅이다. 미천한 군졸이 죽음을 무릅쓰고 국가를 위해 강한 적과 싸워 나라를 지켜냈다. 그러나 조정에서는 큰 상을 주지 않고 도리어 죄를 주어 귀양을 보냈으니 참으로 애달픈 일이 아니겠는가!"

지금도 일본에서는 아직도 독도가 자기네 땅이라고 우기는 사람들이 많습니다. 하지만 일본이 가슴을 치며 아쉬워하는 것이

있습니다. 그건 자기들 손으로 독도가 조선의 땅이라는 확인 문서를 써 주었다는 사실입니다. 아무리 두 손으로 하늘을 가리려 해도 역사적 사실만큼은 바뀔 수가 없는 것이지요.

귀양을 떠난 안용복의 삶이 그 뒤 어떠했는지는 자료를 찾을 수 없습니다. 하지만 나라를 사랑하는 그 마음은 우리 가슴속에 또렷이 새겨져 있습니다. 이런 의로운 뜻이 이어지는 한 그 누구도 우리 땅을 넘볼 수 없을 것입니다.

동해의 아름다운 우리 섬, 독도

독도의 지리와 환경

독도는 대한민국의 동쪽 끝에 있는 섬입니다. 울릉도에서 동남쪽으로 약 87.4킬로미터 지점에 있어, 맑은 날이면 눈으로도 보이는 거리지요. 반면에 일본의 오키섬에서는 157.5킬로미터 떨어져 있습니다. 이런 지리적 위치 때문에 독도는 오랫동안 울릉도의 일부로 여겨졌어요. 지금 독도의 행정 구역은 경상북도 울릉군 울릉읍 독도리 1~96번지입니다.

독도는 동해에서 분출한 화산섬으로 지질 구조가 울릉도와 비슷합니다. 약 460만 년 전에 해저 깊은 곳에서 솟은 용암이 굳어지는 과정에서 만들어졌지요. 독도는 동도와 서도, 그리고 이에 속한 89개의 작은 바위섬들로 이루어져 있어요. 동도와 서도는 151미터 정도 거리를 두고 서로 마주 보고 있어요. 동도는 높이가 98.6미터이고, 서도는 높이가 168.5미터로 산봉우리가 우뚝하지요. 독도는 흐리거나 비와 눈이 내릴 때가 많고, 바닷바람이 심한 편이에요. 겨울에도 평균 기온이 영하로 떨어지는 일이 드물고, 강수량도 연중 고른 해양성 기후랍니다.

독도는 기울기가 가파르고 흙이 적은 섬이라 나무들과 꽃들이 뿌리 내리기가 쉽지 않아요. 그런데도 술패랭이꽃이나 바위채송화를 비롯한 60여 종의 식물들이 터를 잡고 있어요. 작은멋쟁이나비와 된장잠자리 등 130여 종의 곤충들도 이곳 주민이랍니다. 또한 괭이갈매기와 물수리 등 160여 종의 새들의 서식지이며, 동해안으로 날아드는 철새들이 머물다 가는 곳이기도 합니다. 독도는 따뜻한 난류와 차가운 한류가 교차하는 바다에 있어서 다양한 해양 생물들이 살고 있지요. 이런 소중한 가치를 인정받아 독도는 1999년 천연보호구역으로 지정되었답니다.

우리 영토 독도와 역사적 근거

독도가 우리 영토임을 밝히는 역사적 자료는 많습니다. 이 가운데 몇 개를 살피면 다음과 같습니다.

우산(울릉도)과 무릉(독도)이 현의 정동쪽 바다 가운데에 있다. 두 섬은 서로 멀리 떨어져 있지 않아, 날씨가 맑으면 바라볼 수 있다. 신라 때에는 우산국 또는 울릉도라 하였다.

_《세종실록》의 〈지리지〉(1454년)

무릉이라고도 하고, 우릉이라고도 한다. 두 섬이 현의 정동쪽 바다 가운데에 있다. _《신증동국여지승람》(1531년)

여지지에 이르기를, 울릉과 우산은 모두 우산국의 땅인데, 우산은 일본이 말하는 송도(마쓰시마)라고 하였다.

_《동국문헌비고》(1770년)

우산도·울릉도 두 섬으로 하나가 우산이다. 지금은 울도군이 되었다. _《증보문헌비고》(1908년)

그렇다면 일본에서는 독도에 관해 어떻게 기록했을까요? 이즈모(지금의 시마네 현 동부) 관료였던 사이토 도유노부는 《은주시청합기》

(1667년)라는 책에서 일본의 서북쪽 경계는 오키섬이며, 독도는 일본의 영토가 아니라는 사실을 분명히 했답니다.

> 이 두 섬(울릉도와 독도)은 사람이 살지 않는 땅으로 고려를 보는 것이, 운슈(지금의 시마네 현 동부)에서 온슈(오키 섬)를 보는 것과 같다. 그러므로 일본의 서북쪽 경계는 온슈로 한다.

이런 사실은 안용복이 활약했던 당시의 일본 기록을 보아도 알 수 있습니다. "울릉도와 독도는 모두 돗토리 번에 속하지 않는다." 일본의 에도 막부는 1695년 12월 25일 돗토리 번에 보낸 문서에서 이렇게 밝히며, 돗토리 번의 어부들이 두 섬에 가는 것을 금한다고 지시했지요.

하야시 시헤이가 제작한 《대삼국지도》(1802년)에도 울릉도와 독도는 '조선의 것'이라는 해설이 붙어 있어요. 하야시는 당시 일본에서 가장 유명한 지리학자였지요.

이것 말고도 18~19세기 일본 지도에서 독도를 조선의 영토로 표시한 것은 공개된 것만 해도 100여 점에 이른답니다.

'독도의 날'은 10월 25일

일본은 독도를 포기하지 않았습니다. 1905년, 일본은 독도가 일본 시마네 현에 속하는 섬이라고 일방적으로 우리 정부에 알렸습니다. 러시아와 전쟁을 치르면서 독도의 위치가 갖는 군사적 가치를 알아차린 것입니다. 그러면서 독도의 이름을 다케시마로 바꾸어 불렀지요. 말하자면, 독도는 일본이 한반도를 빼앗는 과정에서 첫 희생물이었던 셈입니다.

1945년 일본이 제2차 세계대전에서 패하고 우리나라가 독립하면서 독도는 다시 정식으로 우리 영토가 되었습니다. 일본은 지금까지도 독도가 자기네 땅이라고 우기고 있습니다. 하지만 역사적, 지리적, 국제법상으로도 독도는 분명한 대한민국의 영토입니다.

1910년 10월 25일, 고종 임금은 대한제국 칙령 제41호를 통해 독도를 울릉도의 부속섬으로 공식 선포했습니다. 이날을 기리기 위해 2010년부터 우리는 10월 25일을 '독도의 날'로 정하고 그 의미를 되새기고 있지요. '역사는 기억하는 자의 편'이라는 말이 있습니다. 독도가 우리 땅임을 잊지 않고 소중히 여기는 한, 그 누구도 우리 영토를 넘볼 수 없을 것입니다.